CAHIER DE VACANCES 2024

numéro spécial de
« LA FRANCE »

ナレーション： Léna GIUNTA　Sylvain DETEY
イラスト　石原昭男　sayao
装幀　森デザイン室
表紙写真　ブルターニュ

HAKUSUISHA

は じ め に

　この学習帳は、この春に始めたフランス語学習の初歩を復習し、秋に仏検5級を受験しようと考えている方々のために編集されました。全8課はそれぞれ Leçon, Grammaire, Exercice,「単語を使って話してみよう」から構成されています。基本的な語彙と表現でフランス語の基礎を固め、ダウンロード音声を活用して発音とリスニングの力をつけることがねらいです。

◆ **Leçon** は、フランスの暮らし、歴史や文化をテーマにしたフランス語のテキストと日本語訳、単語ノートで構成されています。テキストは2回録音されています。

◆ **Grammaire** は、各課（1課を除く）2つの動詞の現在形と文法事項がまとめられています。しっかり復習して初級文法前半部の基礎を固めましょう。

◆ **Exercices** は、文法の確認と練習です。 書き取り はリスニングの練習と基礎的なフランス語を書き取る練習です。仏検では5級も4級も書き取りはありませんが、基本語の綴りは初めからしっかり覚えていきましょう。

◆「単語を使って話してみよう」は、仏検5級レベルの語彙と発話文がテーマ別にまとめられています。発話文は録音されていますので、繰り返し聞いて発音し、覚えましょう。

◆巻頭の「**2ページで学ぶ発音の基礎**」には、フランス語の綴り字の読み方が簡潔にまとめられています。巻末には「**現在形の活用をもう少し覚えよう**」と「**ミニ会話**」が収められています。すべて音声があります。

◆「**仏検5級模擬試験2024**」と解答用紙は巻末にあります。44ページの案内に従ってお送りいただければ、無料で採点し、返却いたします。ぜひ挑戦して、ご自分の実力診断にお役立てください。

 本書の音声を以下のサイトからダウンロードすることができます。
https://www.hakusuisha.co.jp/book/b645637.html

目　　次

♥ **2ページで学ぶ発音の基礎**

---

① アルファベ ［音声］02

A a	B b	C c	D d	E e	F f	G g	H h	I i	J j	K k	L l	M m
ア	ベ	セ	デ	ウ	エフ	ジェ	アッシュ	イ	ジ	カ	エル	エム

N n	O o	P p	Q q	R r	S s	T t	U u	V v	W w	X x	Y y	Z z
エヌ	オ	ペ	キュ	エーる	エス	テ	ユ	ヴェ	ドゥブルヴェ	イックス	イグれック	ゼッド

② 綴り字記号 ［音声］03

アクサン・テギュ	caf**é** カフェ
アクサン・グラーヴ	p**è**re 父
アクサン・シルコンフレックス	for**ê**t 森
トレマ	No**ë**l クリスマス
ハイフン	grand**-**mère 祖母
セディーユ	le**ç**on レッスン
アポストロフ	l**'**arbre 木

③ 綴り字の読み方 ［音声］04

▶語末の子音字は発音しません。

Pari**s** [パリ] パリ　　　　gran**d** [グろン] 大きい　　　pon**t** [ポン] 橋

＊c, f, l, r は発音することがあります。

par**c** [パるク] 公園　che**f** [シェフ] 料理長　anima**l** [アニマル] 動物　soi**r** [ソワーる] 晩

▶語末の e は発音しません。　vi**e** [ヴィ] 人生　　　　ru**e** [りゅ] 通り

▶h は発音しません。　**h**omme [オム] 男性　　　　t**h**é [テ] 紅茶

■単母音字 ［音声］05

a [ア]	**i** [イ]	**u** [ユ]	**e** [ウ]	**o** [オ]
	y [イ]		**é, è, ê** [エ]	

am**i** [アミ] 友だち　　　m**e**n**u** [ムニュ] コース定食　　　v**é**l**o** [ヴェロ] 自転車

s**y**st**è**me [システム] システム　　t**ê**te [テットゥ] 頭

■複母音字 ［音声］06

ai / **ei** [エ]	**au** / **eau** [オ]	**eu** / **œu** [ウ]	**ou** [ウ]	**oi** [オワ]

m**ai** [メ] 5月　**au**to [オト] 車　　　fl**eu**r [フるーる] 花　　　t**ou**r [トゥーる] タワー　　　**oi**seau [オワゾ] 鳥

　　　　　　　　bur**eau** [ビュろ] 机　　s**œu**r [スーる] 姉妹

■鼻母音　音声 07

im aim		vin [ヴァン] ワイン	om		nom [ノン] 名前
in ain	[アン]	pain [パン] パン	on	[オン]	Japon [ジャポン] 日本
ym eim		symbole [サンボル] シンボル			
yn ein		peintre [パントゥる] 画家			

am		France [フらンス] フランス	um		parfum [パるファン] 香水
an	[オン]*	ensemble [オンソンブル] 一緒に	un	[アン]	lundi [ランディ] 月曜日
em					
en					

* 発音記号 [ã] は辞書のカタカナ表記では [アン] ですが、聞こえる音は [オン] に近い音です。

■子音字　音声 08

s [ス]	sac [サック] バッグ	母音字 + s + 母音字 [ズ]	maison [メゾン] 家
ch [シュ]	chat [シャ] 猫		
qu [ク]	quai [ケ] 河岸		
ca [カ]	camarade [カマらドゥ] 仲間	ce [ス]	cerise [スリーズ] さくらんぼ
cu [キュ]	culture [キュルテュール] 文化	ci [シ]	cinéma [シネマ] 映画(館)
co [コ]	copain [コパン] 友		
ça [サ]	ça [サ] それ	ga [ガ] ge [ジュ]	bagages [バガージュ] 荷物
çu [スュ]	reçu [るスュ] 領収書	gu [グ] gi [ジ]	guide [ギッドゥ] ガイド
ço [ソ]	leçon [ルソン] 課	go [ゴ]	gorge [ゴるジュ] のど
		gn [ニュ]	montagne [モンターニュ] 山

■リエゾン　音声 09

発音しない語末の子音字は、次の語が母音のとき発音して、その母音とひとつの音で発音します。

　un‿avion [ɛ̃(œ̃)navjɔ̃ アンナヴィオン] 飛行機　　　des‿hôtels [dezotɛl デゾテル] ホテル

■アンシェヌマン　音声 10

発音する語末の子音字は、次の語の母音とひとつの音で発音します。

　une‿école [ynekɔl ユネコル] 学校

■エリジヨン　音声 11

le, la, ce, je, ne, de, que, me, te, se は、次の語が母音のとき、e, a を省略してアポストロフで示し、その母音とひとつの音で発音します。

łe avion	→	l'avion [lavjɔ̃ ラヴィオン]	łe hôtel	→	l'hôtel [lotɛl ロテル]
ła école	→	l'école [lekɔl レコル]	je aime	→	j'aime [ʒɛm ジェム] 私は好きです

LEÇON 1 (un)

Bienvenue à Paris !　音声 12–13

単語ノート

Voici les Champs-Élysées.

Là, c'est la place de la Concorde.

Sur la Seine, il y a des ponts.

Là-bas, c'est le pont Neuf.

— Là, il y a une gare.

Non ! C'est un musée !

C'est le musée d'Orsay.

Voilà une église. C'est l'église Saint-Sulpice.

une leçon　レッスン、課
une bienvenue　歓迎
à …　～に（で）
voici …　ここに～がある
là　あそこに
c'est …　これ（それ、あれ）は～である
une place　広場
sur …　～の上に
il y a …　～がある
un pont　橋
là-bas　あちらに
une gare　駅
non　（否定の答え）いいえ
un musée　美術館
voilà …　あちらに～がある
une église　教会

Voici les Champs-Élysées.

8ᵉ Arrᵗ

AVENUE DES CHAMPS-ÉLYSÉES

ようこそパリへ！

ここはシャンゼリゼです。
あちらがコンコルド広場です。
セーヌ川の上には橋があります。
あそこがポン・ヌッフです。
— あちらに駅があります。
いいえ！　あれは美術館です。
オルセー美術館です。
あちらに教会があります。サン＝シュルピス教会です。

GRAMMAIRE 1 ─────────────

1 名詞の性と数

- 名詞は**男性名詞**と**女性名詞**にわかれています。
- 単数名詞を複数にするには語末に s をつけますが、この s は発音しません。

	単数		複数	
男性名詞	garçon　少年	musée　美術館	garçons	musées
女性名詞	fille　少女	église　教会	filles	églises

2 不定冠詞

- 特定されていない**1つ**または**複数**のものを表します。名詞の性(男性・女性)と数(単数・複数)に合わせた形にします。

	単数		複数	
男性名詞	**un** garçon	**un** musée	**des** garçons	**des** musées
女性名詞	**une** fille	**une** église	**des** filles	**des** églises

　＊**un** と **des** はリエゾンします。

　　un‿hôtel［ɛ̃(œ̃)nɔtɛl アンノテル］ホテル

　　des‿hôtels［dezɔtɛl デゾテル］　des‿églises［dezegli:z デゼグリーズ］

　＊**une** はアンシェヌマンします。

　　une‿église［ynegli:z ユネグリーズ］

3 定冠詞

- 特定された**1つ**または**複数**のものを表します。名詞の性(男性・女性)と数(単数・複数)に合わせた形にします。
- **1つ**しかないものを表します。

	単数		複数	
男性名詞	**le** garçon	**le** musée	**les** garçons	**les** musées
女性名詞	**la** fille	**l'**église	**les** filles	**les** églises

　＊**le, la** はエリジヨンします。

　　l'hôtel (le hôtel)［lɔtɛl ロテル］　l'église (la église)［legli:z レグリーズ］

　＊**les** はリエゾンします。

　　les‿hôtels［lezɔtɛl レゾテル］

◎ c'est＋単数名詞 / ce sont＋複数名詞　　これ、それ、あれは / これら、それら、あれらは〜です。

◎ voici / voilà …　　ここ / あそこ、そこに〜がある、いる

◎ il y a …　　〜がある、いる

EXERCICES 1

1 リエゾン、アンシェヌマン、エリジヨンする語句をそれぞれ①〜③のなかから1つずつ選びましょう。

1. リエゾン
   ① des églises　② des filles　③ des garçons

2. アンシェヌマン
   ① une gare　　② un musée　③ une école

3. エリジヨン
   ① le pont　　② la église　③ la place

2 例にならって、下線部に適切な冠詞を①〜③のなかから選びましょう。

例 Voilà un musée. — C'est le musée d'Orsay.
あちらに美術館があります。— あれはオルセー美術館です。

1. Il y a une gare. — C'est _____ gare Montparnasse.
   駅があります。— モンパルナス駅です。
   ① le　　　　② la　　　　③ les

2. Voilà un hôtel. — C'est _____ hôtel Ritz.
   あちらにホテルがあります。— あれはリッツホテルです。
   ① le　　　　② la　　　　③ l'

3. Il y a _____ tour là-bas. — C'est la tour Eiffel.
   あそこにタワーがあります。— あれはエッフェル塔です。
   ① un　　　　② une　　　③ des

4. Voici _____ sac. — C'est le sac de Didier.
   ここにカバンがある。— それはディディエのカバンです。
   ① un　　　　② une　　　③ des

書き取り フランス語の文をそれぞれ3回ずつ聞いてください。下線部に1語を書き、文を完成しましょう。

音声 14

1. Voici _____ Champs-Élysées.

2. Voilà _____ église. C'est _____ église Saint-Sulpice.

3. Il y a _____ ponts. Là-bas, c'est _____ pont Neuf.

＊複数の s は発音しませんから、des あるいは les の音で名詞が複数であることを判断します。
解答は p. 42 にあります。

単語を使って話してみよう　1　町歩き

テーマ別に単語がまとまっています。仏検5級レベルの語彙を参考にしています。実践的な語彙力を身につけるには、単語を発話文とともに覚えましょう。ダウンロード音声には発話文が録音されています。名詞には頻度の高い冠詞をつけて提示してあります。冠詞の形で名詞の性を覚えてください。[　]内のカタカナは近似の発音を示しています。[ã]の音は辞書などでは[アン]の表記になっていますが、このリストではフランス語の音により近い[オン]の表記にしています。rの音は平仮名の「ら行」で表記しています。

- □ **une église** [ユネグリーズ] 教会
- □ **un hôtel** [アンノテル] ホテル
- □ **un restaurant** [アンれストろン] レストラン
- □ **un café** [アンカフェ] カフェ
- □ **un musée** [アンミュゼ] 美術館
- □ **une banque** [ユヌボンク] 銀行
- □ **une poste** [ユヌポストゥ] 郵便局
- □ **un hôpital** [アンノピタル] 病院
- □ **une école** [ユネコル] 学校
- □ **un magasin** [アンマガザン] 店
- □ **un marché** [アンマるシェ] 市場
- □ **une boulangerie** [ユヌブロンジュリ] パン屋
- □ **une pâtisserie** [ユヌパティスリ] ケーキ屋
- □ **une librairie** [ユヌリブれリ] 本屋

- □ **une pharmacie** [ユヌファるマシ] 薬局
- □ **une boutique** [ユヌブティック] ブティック
- □ **une rue** [ユヌリュ] 通り
- □ **une avenue** [ユナヴニュ] (直線の)大通り
- □ **un boulevard** [アンブルヴァーる] 大通り
- □ **une place** [ユヌプラス] 広場
- □ **un jardin** [アンジャるダン] 公園
- □ **ouvert**(**e**) [ウヴェーる(トゥ)] 営業中の
- □ **fermé**(**e**) [フェるメ] 閉店の
- □ **chercher** [シェるシェ] 探す
- □ **trouver** [トゥるヴェ] 見つける
- □ **près** (**de …**) [プれ (ドゥ)] (〜の)近くに
- □ **loin** (**de …**) [ロワン (ドゥ)] (〜から)遠くに

Je cherche l'église Saint-Sulpice.　サン＝シュルピス教会を探しています。
Le grand magasin est ouvert aujourd'hui ?　デパートはきょう営業していますか。
Il y a une pharmacie près d'ici ?　この近くに薬局がありますか。
Le musée Picasso est loin ?　ピカソ美術館は遠いですか。

- □ **une ville** [ユヌヴィル] 町
- □ **un fleuve** [アンフルーヴ] 大河
- □ **une rivière** [ユヌリヴィエーる] 川
- □ **la montagne** [ラモンターニュ] 山
- □ **la mer** [ラメーる] 海
- □ **une plage** [ユヌプラージュ] 浜辺

- □ **un arbre** [アンナるブる] 木
- □ **une fleur** [ユヌフルーる] 花
- □ **un oiseau** [アンノワゾ] 鳥
- □ **la lune** [ラリュヌ] 月
- □ **le soleil** [ルソレイユ] 太陽
- □ **une étoile** [ユネトワル] 星

Paris est une grande ville.　パリは大都市です。
Sur le balcon, il y a beaucoup de fleurs.　バルコニーにたくさん花があります。
À la campagne, il y a des rivières et des arbres, et les oiseaux chantent.
　田舎には小川や木々があり、鳥がさえずっています。

LEÇON 2 (deux)

C'est beau, Paris !　音声 16–17

Voici la tour Eiffel. C'est une vieille tour, construite en 1889.

Elle est très haute（324 m）. Il y a toujours beaucoup de touristes étrangers.

C'est dur de monter les marches d'escaliers. Les ascenseurs sont pratiques et rapides.

En haut, les touristes ont un peu peur, mais ils sont très contents. Ils ont une belle vue sur Paris !

C'est beau, Paris !

パリは美しい！

エッフェル塔です。1889 年に建てられた古いタワーです。
それはとても高い（324 m）。いつもたくさんの外国人の観光客がいます。
階段を上がるのはたいへんです。エレベーターが便利で速いです。
上では、観光客は少し怖いのですが、とても満足しています。
パリの美しい眺めが臨めるのです。

単語ノート

la tour Eiffel　エッフェル塔
vieux (vieille)　古い
construit(e)　建造された
en ...　～(年)に
haut(e)　高い
toujours　いつも
beaucoup de＋無冠詞名詞　たくさんの～
un(e) touriste　観光客
étranger (étrangère)　外国(人)の
c'est ... de＋不定詞　～するのは～です
dur(e)　つらい
monter　上がる
une marche d'escalier　階段
un ascenseur　エレベーター
pratique　便利な
rapide　速い
en haut　上で、上の階に
avoir peur　怖い
un peu　少し
très　非常に
content(e)　うれしい
beau (belle)　美しい
une vue　眺め

GRAMMAIRE 2

① 動詞 être, avoir の現在形と主語人称代名詞　　　音声 18

être ～である、～にいる			
je	suis	nous	sommes
tu	es	vous	êtes
il	est	ils	sont
elle	est	elles	sont

avoir ～を持っている			
j'	ai	nous	avons
tu	as	vous	avez
il	a	ils	ont
elle	a	elles	ont

主語になる人称代名詞は8つあります。動詞はこの8つの主語に合わせて活用します。

1人称単数	je (j')	私は	次の語が母音、無音のhのとき、エリジヨンしてj'になります。
2人称単数	tu	君は	親しい相手ひとりに用います。
3人称単数	il	彼は、それは	「人」「もの」を表す男性名詞単数の代わりに用います。
	elle	彼女は、それは	「人」「もの」を表す女性名詞単数の代わりに用います。
1人称複数	nous	私たちは	
2人称単数 2人称複数	vous	あなたは	特に親しくない相手ひとりに用います。
		あなた方は、君たちは	親しい場合もそうでない場合も複数形は同じです。
3人称複数	ils	彼らは、それらは	「人」「もの」を表す男性名詞複数、男女混合の複数名詞の代わりに用います。
	elles	彼女たちは、それらは	「人」「もの」を表す女性名詞複数の代わりに用います。

② 形容詞の性・数一致

形容詞は修飾する名詞、代名詞の性(男性・女性)と数(単数・複数)に一致した形にします。女性形にするときは **e** を、複数形にするときは **s** を形容詞につけます。

La tour Eiffel est très *haute*.　　　　e をつけて tour (女性名詞単数)に一致。

Les ascenseurs sont *pratiques* et *rapides*.　s をつけて ascenseurs (男性名詞複数)に一致。

Ils sont *contents*.　　　　　　　　　s をつけて ils (男性複数の主語人称代名詞)に一致。

③ 形容詞の位置

形容詞は原則、名詞の後ろに置きます。ただし、beau, bon, petit, vieux などの形容詞は名詞の前に置きます。

un touriste *japonais*　日本人の観光客　　　un touriste *étranger*　外国人の観光客

une *vieille* tour　古いタワー　　＊vieux の女性形は特殊な形で vieille となります。

une *belle* vue　美しい眺め　　＊beau の女性形は特殊な形で belle となります。

EXERCICES 2

1　日本語を参考にして主語と avoir の直説法現在の活用形を書き、文を完成しましょう。文頭は大文字にします。

1. _____ _____ faim.　　私はお腹がすいています。
2. _____ _____ chaud.　　私たちは暑い。
3. _____ _____ froid.　　彼女たちは寒い。
4. _____ _____ soif.　　彼はのどが渇いている。

2　修飾する名詞に合わせて正しい形の形容詞を選びましょう。

　　Alain　アラン（男性）　　Nathalie　ナタリ（女性）　　Sophie　ソフィ（女性）

1. Nathalie est _____.　　ナタリはうれしい。
   ①　content　　②　contente　　③　contents

2. Alain et Nathalie sont _____.　　アランとナタリは背が高い。
   ①　grand　　②　grandes　　③　grands

3. Nathalie et Sophie sont _____.　　ナタリとソフィは美しい。
   ①　beau　　②　belle　　③　belles

4. Nous avons une voiture _____.　　私たちは日本製の車を持っています。
   ①　japonais　　②　japonaise　　③　japonaises

書き取り　フランス語の文をそれぞれ 3 回ずつ聞いてください。下線部に 1 語を書き、文を完成しましょう。文頭は大文字にします。　　　　　　　　音声 19

1. _____ tour Eiffel _____ très haute.

2. _____ ascenseurs _____ pratiques.

3. _____ _____ _____ belle vue sur _____.

解答は p. 42 にあります。

- [ ] **content**(**e**) [コントン(トゥ)] うれしい
- [ ] **heureux**(*se*) [ウるー(ズ)] 幸せな
- [ ] **triste** [トゥリストゥ] 悲しい
- [ ] **désolé**(**e**) [デゾレ] 申し訳ない
- [ ] **gentil**(**le**) [ジョンティ(ーユ)] 親切な

- [ ] **méchant**(**e**) [メション(トゥ)] 意地悪な
- [ ] **fatigué**(**e**) [ファティゲ] 疲れた
- [ ] **malade** [マラードゥ] 病気の
- [ ] **libre** [リーブる] 暇な
- [ ] **occupé**(**e**) [オキュペ] 忙しい

Je suis content(e).　私はうれしい。
Je suis désolé(e).　申し訳ありません。
Elle est gentille.　彼女は親切です。
Tu es fatigué(e) ?　疲れた？
Nous sommes occupé(e)s.　私たちは忙しい。

- [ ] **bon**(**ne**) [ボン(ヌ)] 良い
- [ ] **mauvais**(**e**) [モヴェ(ーズ)] 悪い
- [ ] **intéressant**(**e**) [アンテれッソン(トゥ)] 興味深い
- [ ] **important**(**e**) [アンポるトン(トゥ)] 重要な
- [ ] **possible** [ポシーブル] 可能な

- [ ] **impossible** [アンポシーブル] 不可能な
- [ ] **cher**(**chère**) [シェーる] (値段が)高い
- [ ] **pas cher** [パシェーる] 安い
- [ ] **très** [トゥれ] とても、非常に
- [ ] **trop** [トゥろ] あまりに

C'est très intéressant.　とてもおもしろい。
C'est très important.　とても大事です。
C'est pas cher.　安い。
C'est trop cher.　(値段が)高すぎる。

- [ ] **court**(**e**) [クーる(トゥ)] 短い
- [ ] **long**(**ue**) [ロン(グ)] 長い
- [ ] **rond**(**e**) [ろン(ドゥ)] 丸い
- [ ] **léger**(**légère**) [レジェ(レジェーる)] 軽い
- [ ] **lourd**(**e**) [ルーる(ドゥ)] 重い
- [ ] **petit**(**e**) [プティ(ットゥ)] 小さい
- [ ] **grand**(**e**) [グろン(ドゥ)] 大きい
- [ ] **gros**(**se**) [グろ(ス)] 太った

- [ ] **mince** [マンス] やせた
- [ ] **beau**(**belle**) [ボー(ベル)] 美しい
- [ ] **joli**(**e**) [ジョリ] きれいな
- [ ] **magnifique** [マニフィック] すばらしい
- [ ] **jeune** [ジュヌ] 若い
- [ ] **vieux**(**vieille**) [ヴィユ(ヴィエイユ)] 年老いた
- [ ] **riche** [リッシュ] 金持ちの
- [ ] **pauvre** [ポーヴる] 貧しい

La jupe est trop courte.　スカートが短すぎる。
La valise est lourde.　スーツケースが重い。
Le paysage est magnifique.　風景がすばらしい。
C'est une belle vue.　美しい眺めです。

LEÇON 3 (trois)

Aimez-vous Paris ? 音声 21–22

単語ノート

aimer ～を好む
oui （肯定の答え）はい
beaucoup とても
étudier 学ぶ
l'histoire 囡 歴史
de ... ～の
l'art 囲 美術
visiter 訪れる
un monument 記念建造物
historique 歴史的な
ne ... pas ～ない
un plan de la ville 町の地図
l'office du tourisme 囲 観光協会
un guide ガイドブック
gratuit(e) 無料の
un visiteur, une visiteuse 見学者
bonjour こんにちは
madame マダム（女性への呼びかけ）
voilà （何かを渡しながら）はい、どう
 ぞ
merci ありがとう、どうも

Vous aimez Paris ?

— Oui, beaucoup ! Nous étudions l'histoire de l'art. Nous sommes à Paris pour visiter des monuments historiques, mais nous n'avons pas de plan de la ville.

À l'office du tourisme, il y a des plans et des guides gratuits pour les visiteurs.

— Bonjour, madame. Est-ce que vous avez un plan de la ville ?

— Oui, voilà un plan-guide.

— Merci.

パリは**好き**ですか。

パリは好きですか。
— はい、とても。私たちは美術史を学んでいます。私たちは歴史的記念建造物を見学するためにパリにいますが、町の地図を持っていません。
観光協会には見学者用に無料の地図とガイドがあります。
— こんにちはマダム。町の地図はありますか。
— はい、ガイド付き地図をどうぞ。
— どうも。

GRAMMAIRE 3

1 -er 規則動詞の現在形　音声 23

visiter　～を訪れる		
je　visite	nous　visitons
tu　visites	vous　visitez
il　visite	ils　visitent
elle　visite	elles　visitent

aimer　～を好む、～を愛する		
j'　aime	nous　aimons
tu　aimes	vous　aimez
il　aime	ils　aiment
elle　aime	elles　aiment

　語尾が -er で終わる規則動詞（第 1 群規則動詞）の活用形はすべての人称に共通のつづりである**語幹**と人称によって変化する**語尾**からできています。

　　語幹：原形（活用していない形）の **-er** の前の綴り

　　語尾：**-e, -es, -e, -ons, -ez, -ent**

　＊aimer は母音で始まるので、主語 je はエリジョンして j' になります。

　現在形（直説法現在）は現在の行為、事柄、状態を伝える動詞の形です。

2 疑問文　音声 24

　疑問文の作り方は 3 通りあります。

　（1）文末に疑問符 « ? » をつけ、文末のイントネーションを上げます。

　　Vous aimez Paris **?**

　（2）文頭に est-ce que / est-ce qu' をつけます。　＊que はエリジョンします。

　　Est-ce que vous aimez Paris ? **Est-ce qu'**il aime Paris ?

　（3）主語と動詞を倒置します。　＊動詞のあとにハイフンを入れます。

　　Aimez-vous Paris **?**

3 否定文と否定の冠詞 **de**（**d'**）　音声 25

　　ne（**n'**）＋ 動詞 ＋ **pas**　　＊ne はエリジョンします。

　　否定文は動詞を ne と pas ではさみます。

je	**n'ai**	**pas**	nous	**n'avons**	**pas**
tu	**n'as**	**pas**	vous	**n'avez**	**pas**
il	**n'a**	**pas**	ils	**n'ont**	**pas**
elle	**n'a**	**pas**	elles	**n'ont**	**pas**

je	**ne** suis	**pas**	nous	**ne** sommes	**pas**
tu	**n'es**	**pas**	vous	**n'êtes**	**pas**
il	**n'est**	**pas**	ils	**ne** sont	**pas**
elle	**n'est**	**pas**	elles	**ne** sont	**pas**

　直接目的語につく不定冠詞 un, une, des は否定文で **de**（**d'**）になります。定冠詞 le, la, l', les は de（d'）になりません。

　　Nous *n'*avons *pas de* plan de Paris.（Nous avons **un** plan de Paris.）
　　パリの地図を持っていない。　　　　　　　　　　　　　直接目的語

　　Nous *n'*aimons *pas* le sport.　スポーツは好きではない。

EXERCICES 3

① 日本語を参考にして（　）の動詞の直説法現在の活用形を書き、文を完成しましょう。

1. Tu _____ l'histoire ? (étudier)　　　　君は歴史を学んでいるの？
2. Je _____ le château de Versailles. (visiter)　私はヴェルサイユ宮殿を見学します。
3. Sophie et Marc _____ le Japon. (visiter)　ソフィとマルクは日本を訪れます。
4. Aki _____ Paris. (aimer)　　　　　　アキはパリが好きです。

② 次の文を指示にしたがって書きかえましょう。

1. Ils aiment la France. （疑問文を 3 通りの形で）

　　_____

　　_____

　　_____

2. Elle a un plan de Paris. （否定文に）

　　_____

3. Nous étudions l'histoire de l'art. （否定文に）

　　_____

書き取り　フランス語の文をそれぞれ 3 回ずつ聞いてください。下線部に 1 語を書き、文を完成しましょう。文頭は大文字にします。　　　　　　　　　　　　　音声 26

1. Vous _____ Paris ?

2. Nous n' _____ _____ _____ plan de Paris.

3. _____ , _____ .

解答は p. 42 にあります。

□ **aimer** [エメ] 好む
□ **préférer** [プれフェれ] より好む
□ **chanter** [ションテ] 歌う
□ **danser** [ドンセ] 踊る
□ **jouer** [ジュエ] 遊ぶ
□ **marcher** [まるシェ] 歩く、ウオーキングする

□ **nager** [ナジェ] 泳ぐ
□ **voyager** [ヴォワイヤジェ] 旅行する
□ **manger** [モンジェ] 食べる
□ **inviter** [アンビテ] 招待する
□ **monter** [モンテ] 登る
□ **acheter** [アシュテ] 買う

J'aime chanter.　私は歌うのが好きです。
Je préfère danser.　私は踊る方が好きです。
J'aime voyager.　私は旅をするのが好きです。
Je n'aime pas rester à la maison.　私は家にいるのが好きではありません。

□ **le sport** [ルスポーる] スポーツ
□ **le tennis** [ルテニス] テニス
□ **le foot** [ルフットゥ] サッカー
□ **le cinéma** [ルシネマ] 映画
□ **la télévision** [ラテレヴィズィオン] テレビ
□ **la radio** [ララディオ] ラジオ
□ **la musique** [ラミュジック] 音楽

□ **le piano** [ルピアノ] ピアノ
□ **la cuisine** [ラキュイジーヌ] 料理
□ **les promenades** [レプろムナードゥ] 女 散歩
□ **Internet** [アンテるネットゥ] インターネット
□ **les animaux** (**un animal**) [レザニモ(アナニマル)] 動物
□ **les chats** [レシャ] 男 猫
□ **les chiens** [レシヤン] 男 犬

Ils aiment le tennis.　彼らはテニスが好きです。
Elle n'aime pas le foot.　彼女はサッカーが好きではありません。
Est-ce que tu aimes la musique ?　— Oui, j'aime le jazz.
　音楽は好きかい？— うん、ジャズが好きだ。
Vous aimez les chats [les promenades] ?　猫[散歩]は好きですか。
— Oui, beaucoup.
　ーはい、とても。
— Oui, un peu.
　ーはい、少し。
— Non, pas tellement.
　ーいいえ、あんまり。
— Non, pas du tout.
　ーいいえ、全然。

LEÇON 4 (quatre)

Regardez le monument là-haut ! 音声 28–29

Nous arrivons aux Champs-Élysées ; nous faisons une promenade. Après, nous prenons le bus pour aller au Quartier latin.

Nous remontons le boulevard Saint-Michel.

Voilà le jardin du Luxembourg !

Continuons. Regardez le monument là-haut !

— Qu'est-ce que c'est ?

C'est le Panthéon. C'est un monument à la gloire des grands hommes français comme Voltaire, Victor Hugo, etc.

単語ノート

arriver　到着する
les Champs-Élysées　シャンゼリゼ
faire　～をする
une promenade　散歩
après　その次に
prendre　乗る
un bus　バス
pour …　～のために
aller à …　～へ行く
le Quartier latin　カルチエ・ラタン
remonter　（道を）上がる
le boulevard Saint-Michel　サン゠ミッシェル大通り
le jardin du Luxembourg　リュクサンブール公園
continuer　歩き続ける
regarder　見る
là-haut　（高い所をさして）あそこに
Qu'est-ce que c'est ?　あれ（これ、それ）は何ですか。
à la gloire de …　～を讃えて
un grand homme　偉人
français(e)　フランスの

Voilà le jardin du Luxembourg !

C'est le Panthéon.

PARIS

あそこの記念建造物を見てください！

私たちはシャンゼリゼに到着し、散歩します。それからカルチエ・ラタンに行くためにバスに乗ります。

私たちはサン゠ミッシェル大通りを上がっていきます。

ほら、リュクサンブール公園ですよ。

歩き続けましょう。あそこの記念建造物を見てください！

— あれは何ですか？

パンテオンです。ヴォルテール、ヴィクトル・ユゴーのようなフランスの偉人を讃えた記念建造物です。

GRAMMAIRE 4

① faire, prendre の現在形

faire ～をする、～を作る	
je fais	nous faisons [フゾン]
tu fais	vous faites
il fait	ils font
elle fait	elles font

prendre ～をとる、～を飲む、乗る	
je prends	nous prenons
tu prends	vous prenez
il prend	ils prennent
elle prend	elles prennent

Il *fait* la cuisine.　彼は料理を作っている。

Vous *prenez* le métro ?　地下鉄に乗りますか。

② 命令形

命令形は現在形 tu, nous, vous の活用形から主語をとって作ります。

tu で話す相手には tu の活用形を、vous で話す相手には vous の活用形を用います。

nous の命令形は相手に自分を含めて「～しましょう」の意味で使います。

	prendre	faire	regarder
tu に対して	prends 乗って	fais 作って	regarde* 見て
nous に対して	prenons 乗りましょう	faisons 作りましょう	regardons 見ましょう
vous* に対して	prenez 乗って（ください）	faites 作って（ください）	regardez 見て（ください）

* tu の命令形は直説法現在の活用語尾が -es, -as のとき、s をとります。

* vous の命令形は vous で話すひとりの相手と、vous または tu で話す複数の相手に用います。

③ 前置詞 à, de と定冠詞 le, les の縮約

前置詞 à のあとにつづく名詞に定冠詞 le または les がつくとき、à + le、à + les は縮約されてそれぞれひとつの語 **au, aux** になります。

aller à le Quartier latin.　　　→　aller **au** Quartier latin.

arriver à les Champs-Élysées　→　arriver **aux** Champs-Élysées

à la → そのまま　**à l'** → そのまま

前置詞 de + le は **du**、de + les は **des** になります。

le jardin de le Luxembourg　　→　le jardin **du** Luxembourg

à la gloire de les grands hommes　→　à la gloire **des** grands hommes

de la → そのまま　**de l'** → そのまま

◎ **Qu'est-ce que** c'est ?　これ（あれ、それ）は何ですか。C'est ... これ（あれ、それ）は～です。

19 (dix-neuf)

EXERCICES 4

1 （　）の動詞を用いて日本語に対応するフランス語の文を完成しましょう。文頭は大文字にします。

1. _____ une promenade.　（faire）
   散歩しましょう。

2. _____ le monument là-haut.　（regarder）
   あそこの建造物を見て。　＊tu で話す相手への命令

3. _____ le bus.　（prendre）
   バスに乗ってください。　＊vous で話す相手への命令

2 下線部を正しいフランス語に書きかえましょう。

1. Ils sont à le Japon.　彼らは日本にいます。

2. Elles arrivent à les Champs-Élysées.　彼女たちはシャンゼリゼに到着します。

3. C'est la pyramide de le Louvre.　これはルーヴルのピラミッドです。

4. Voilà le jardin de les plantes.　ほら、植物園です。

書き取り　フランス語の文をそれぞれ 3 回ずつ聞いてください。下線部に 1 語を書き、文を完成しましょう。　音声 31

1. Nous arrivons _____ Champs-Élysées.

2. Nous _____ le bus pour aller _____ Quartier latin.

3. Voilà le jardin _____ Luxembourg.

解答は p. 42 にあります。

単語を使って話してみよう　4　授業に出る

- [ ] **un livre** [アンリーヴる] 本
- [ ] **un cahier** [アンカイエ] ノート
- [ ] **un dictionnaire** [アンディクショネーる] 辞書
- [ ] **un crayon** [アンクれィヨン] 鉛筆
- [ ] **un stylo** [アンスティロ] ペン
- [ ] **une gomme** [ユヌゴム] 消しゴム

- [ ] **un（une）élève** [アンネレーヴ／ユネレーヴ] 生徒
- [ ] **un étudiant** [アンネテュディヨン] 男子学生
- [ ] **une étudiante** [ユネテュディヨントゥ] 女子学生
- [ ] **un(e) professeur(e)** [アン(ユヌ) プろフェスーる] 先生

- [ ] **apprendre** [アプろンドゥる] 学ぶ
- [ ] **travailler** [トゥらヴァイエ] 勉強する
- [ ] **étudier** [エテュディエ] 学ぶ
- [ ] **comprendre** [コンプろンドゥる] 理解する
- [ ] **parler** [パるレ] 話す
- [ ] **dire** [ディーる] 言う
- [ ] **lire** [リーる] 読む

- [ ] **un cours** [アンクーる] 授業
- [ ] **une salle de classe** [ユヌサルドゥクラス] 教室
- [ ] **une université** [ユニュニヴェるシテ] 大学
- [ ] **la fac** [ラファック] 大学、学部
- [ ] **facile** [ファシル] 簡単な
- [ ] **difficile** [ディフィシル] むずかしい

- [ ] **un exercice** [アンネグゼるシス] 練習問題
- [ ] **une question** [ユヌケスチョン] 質問
- [ ] **un examen** [アンネグザマン] 試験
- [ ] **un concours** [アンコンクーる] 選抜試験

- [ ] **écrire** [エクリーる] 書く
- [ ] **écouter** [エクテ] 聞く
- [ ] **regarder** [るガるデ] 見る
- [ ] **répondre** [れポンドゥる] 答える
- [ ] **répéter** [れペテ] 繰り返す
- [ ] **oublier** [ウーブリエ] 忘れる
- [ ] **savoir** [サヴォワーる] 知っている

J'apprends le français.　私はフランス語を学んでいます。
Écoutez bien.　ちゃんと聞きなさい。
Répondez.　答えてください。
Lisez le texte.　テキストを読んでください。
Regardez le tableau.　黒板を見てください。
Vous comprenez ?　おわかりですか。
Je ne comprends pas bien.　よくわかりません。
Vous avez des questions ?　質問はありますか。
C'est très bien.　とてもよくできました。

LEÇON 5 (cinq)

Quel est ce bâtiment ? 音声 33–34

Nous venons d'arriver au cœur de Paris en métro.

— Quel est ce bâtiment très original ?

C'est le Centre Georges Pompidou. Ce nom vient de l'ancien président de la République française. C'est la réalisation de son projet : créer un centre culturel d'art moderne et contemporain. Dans ce centre, il y a le musée national d'art moderne, des salles de spectacles et de cinéma, et une bibliothèque.

Cette bibliothèque est unique. Elle est ouverte au public : tout le monde peut entrer sans carte.

単語ノート

venir de + 不定詞　～したばかりである
au cœur de ...　～の中心に
un bâtiment　建物
original(e)　風変わりな
un centre　センター
en métro　地下鉄で
un nom　名前
venir de ...　～から来る
ancien(ne)　かつての
le président　大統領
la République française　フランス共和
　国
une réalisation　実現
son　彼の(p. 31 参照)
un projet　計画
créer　設立する
culturel(le)　文化の
moderne　近代の
contemporain(e)　現代の
national(e)　国立の
dans ...　～の中に
une salle　会場、～室
un spectacle　ショー
le cinéma　映画
une bibliothèque　図書館
unique　比類のない、ユニークな
ouvert(e)　開かれた
un public　公衆
tout le monde　みんな
pouvoir ...　～できる
entrer　入る
sans ...　～なしで
une carte　証明書

Quel est ce bâtiment très original ?

あの建物は何ですか。

私たちは地下鉄でパリの中心街に着いたところです。

— あのとても風変わりな建物は何ですか。

ポンピドーセンターです。この名前はかつての共和国大統領に由来します。これは彼のプロジェクトだった近現代美術の文化センター設立を実現したものです。このセンターには国立近代美術館、劇場や映画の上映室、図書館があります。

その図書館はユニークです。公衆に解放されていて、だれでも証明書なしで入ることができるのです。

GRAMMAIRE 5

① venir, pouvoir の現在形

音声 35

venir　来る			pouvoir　～できる		
je	viens	nous	venons	je	peux	nous	pouvons
tu	viens	vous	venez	tu	peux	vous	pouvez
il	vient	ils	viennent	il	peut	ils	peuvent
elle	vient	elles	viennent	elle	peut	elles	peuvent

Je *viens* du Japon.　私は日本から来ています / 日本の出身です。　du ← de＋le　p. 19 参照

pouvoir＋不定詞：～できる　Vous *pouvez* entrer dans la salle.　あなた(方)は会場に入れます。

近接過去

〈**venir de**(d')＋不定詞〉の形で、近い過去「～したところである」を表します。

Nous *venons d'*arriver à Paris.　パリに着いたところです。

② 指示形容詞

「この」「あの」「その」の意味で使い、名詞の性と数に一致する形を用います。

ce	男性名詞単数	*ce* bâtiment　この(その、あの)建物
cet	母音・無音の **h** で始まる男性名詞単数	*cet* hôtel　この(その、あの)ホテル
cette	女性名詞単数	*cette* école　この(その、あの)学校
ces	男性・女性名詞複数	*ces* bâtiments　*ces* hôtels　*ces* écoles

③ 疑問形容詞

関係する名詞の性と数に一致する形を用いて、その名詞の内容が「何」であるかを尋ねる疑問詞です。

	男性	女性
単数	**quel**	**quelle**
複数	**quels**	**quelles**

Quel est ce bâtiment ?　あの建物は何ですか。

Quelles villes visitez-vous ?　あなたはどの町を訪れますか。

Quel âge as-tu ?　君は何歳？

感嘆文として用いることもあります。

Quel beau paysage !　なんて美しい景色でしょう！

EXERCICES 5

1　疑問形容詞の形を参考に、適切な指示形容詞を【　】から選んで下線部に書きましょう。

【 ce　　cet　　cette　　ces 】

1. Quelles sont ＿＿＿＿＿＿ fleurs ?
これらの花は何ですか。

2. Quel est ＿＿＿＿＿＿ oiseau ?
この鳥は何ですか。

3. Quelle est ＿＿＿＿＿＿ chanson ?
この歌は何ですか。

4. Quel est ＿＿＿＿＿＿ monument ?
この記念建造物は何ですか。

2　定冠詞または形容詞の形を参考に、適切な疑問形容詞を【　】から選んで下線部に書きましょう。文頭は大文字にします。

【 quel　　quelle　　quels　　quelles 】

1. ＿＿＿＿＿＿ est le titre de ce film ?
その映画のタイトルは何ですか。

2. ＿＿＿＿＿＿ est le prix de cette voiture ?
この車の値段はいくらですか。

3. ＿＿＿＿＿＿ sont les bonnes méthodes pour maigrir ?
やせるためのよい方法は何ですか。

書き取り　フランス語の文をそれぞれ3回ずつ聞いてください。下線部に1語を書き、文を完成しましょう。文頭は大文字にします。　　　　　　　　　　　　　　　音声 36

1. Tout le monde ＿＿＿＿＿＿ entrer.

2. Nous ＿＿＿＿＿＿ ＿＿＿＿＿＿ arriver.

3. ＿＿＿＿＿＿ est le prix de ＿＿＿＿＿＿ vélo ?

解答は p. 42 にあります。

□ **un vélo** [アンヴェロ] 自転車
□ **une moto** [ユヌモト] オートバイ
□ **une voiture** [ユヌヴォワテューる] 自動車
□ **un taxi** [アンタクスィ] タクシー
□ **un bus** [アンビュス] バス
□ **un car** [アンカー] (長距離、観光) バス
□ **un train** [アントゥらン] 列車、電車

□ **un billet** [アンビィエ] (列車の)乗車券、(飛行機の)チ
ケット
□ **un ticket** [アンチケ] (地下鉄、バスの)乗車券
□ **un aller simple** [アンナレサンプル] 片道切符
□ **un aller-retour** [アンナレるトゥーる] 往復切符
□ **un carnet** [アンカるネ] 回数券
□ **une ligne** [ユヌリーニュ] 路線
□ **un plan** [アンプロン] 路線図
□ **une correspondance** [ユヌコれスポンドンス] 乗り換え
□ **une sortie** [ユヌソるティ] 出口
□ **un quai** [アンケ] プラットホーム

□ **un TGV** [アンテジェヴェ] 超特急 (フランスの新幹線)
□ **un métro** [アンメトゥろ] 地下鉄
□ **un avion** [アンナヴィオン] 飛行機
□ **un bateau** [アンバト] 船
□ **une gare** [ユヌガーる] (鉄道の)駅
□ **une station** [ユヌスタスィオン] (地下鉄の)駅
□ **un aéroport** [アンナエろポーる] 空港

□ **prendre** [プろンドゥる] 乗る
□ **monter** [モンテ] 乗り込む
□ **descendre** [デソンドゥる] 降りる
□ **changer** [ションジェ] 乗り換える
□ **entrer** [オントゥれ] 入る
□ **arriver** [アリヴェ] 到着する
□ **partir** [パるティーる] 出発する
□ **composter** [コンポステ] 切符を自動改札機にかける

Deux billets de TGV pour Paris, s'il vous plaît.　パリまで TGV の切符を 2 枚お願いします。
Un aller-retour pour Tours.　トゥールまで往復 1 枚。
Un ticket pour Versailles, s'il vous plaît.　ヴェルサイユまで切符 1 枚ください。
Vous changez de ligne à Châtelet.　シャトレで路線を乗り換えます。
Je descends !　降ります！
Vous venez en voiture [en train / en métro / à vélo / à pied] ?
　あなた(方)は車で[列車(電車)で / 地下鉄で / 自転車で / 徒歩で]来ますか。

LEÇON 6 (six)

Le 14 juillet 音声 38–39

— Nous sommes le combien ?

Nous sommes le 14 juillet. C'est la fête nationale française.

— Pourquoi le 14 juillet ?

Parce que c'est la date de la prise de la Bastille en 1789. C'est donc l'anniversaire de la Révolution française.

— Comment est-ce que les Français fêtent cet anniversaire ?

Le passage des avions annonce le début de la fête. Vous voyez dans le ciel les trois couleurs du drapeau français : bleu, blanc, rouge. Le défilé militaire commence sur l'avenue des Champs-Élysées. La journée finit par les bals et les feux d'artifice.

Nous sommes le 14 juillet.

7月14日

—何日ですか。

7月14日です。フランス国民祭です。

—なぜ7月14日ですか。

1789年のバスティーユ監獄奪取の日にあたるからです。つまりフランス革命記念日です。

—フランス人はこの記念日をどのように祝うのですか。

飛行機が通過してお祭りの開始を告げます。空にフランス国旗の色である青、白、赤が見えます。軍事パレードがシャンゼリゼ通りで始まります。その日はダンスパーティと花火で終わります。

単語ノート

une fête　祝祭日、祭り
combien　どれだけ
juillet　7月
national(e)　国の、国民の
pourquoi　なぜ
parce que …　なぜなら
une date　日付
la prise de la Bastille　バスティーユ監獄奪取
donc　ゆえに、つまり
un anniversaire　記念日
une révolution　革命
comment　どのように
un(e) Français(e)　フランス人
fêter　祝う
un passage　通過
un avion　飛行機
le début　始まり
voir　見える、見る
le ciel　空
une couleur　色
un drapeau　旗
le bleu　青
le blanc　白
le rouge　赤
un défilé　パレード
militaire　軍隊の
commencer　始まる
une avenue　大通り
une journée　一日
finir　終わる
un bal　舞踏会
un feu d'artifice　花火

GRAMMAIRE 6

1 -ir 規則動詞 finir の現在形　voir の現在形　　音声 40

finir　終わる、〜を終える		voir　〜が見える、〜を見る、〜に会う	
je finis	nous finissons	je vois	nous voyons
tu finis	vous finissez	tu vois	vous voyez
il finit	ils finissent	il voit	ils voient
elle finit	elles finissent	elle voit	elles voient

　-ir 規則動詞の活用形は原形の -ir の前までの綴りを語幹にして、語尾 -is, -is, -it, -issons, -issez, -issent をつけて作ります。

　　Le film *finit* à 13 heures.　映画は 13 時に終わる。

　　Vous *voyez* le mont Fuji par la fenêtre.　窓から富士山が見えます。

2 疑問副詞（1）　combien　comment　pourquoi

combien　どれだけ

　Combien coûte ce sac ?　このバッグはいくらですか。　＊coûter : 値段が〜する

　〈**combien de** ＋無冠詞名詞〉　どれだけの〜、いくつの〜

comment　どのように、どのような

　Comment passez-vous le week-end ?　あなたは週末をどのように過ごしていますか？

pourquoi　なぜ

　Pourquoi apprenez-vous le français ? — *Parce que* j'étudie l'histoire de France.

　なぜフランス語を学んでいるのですか。— なぜならフランス史を勉強しているからです。

3 数詞 1〜20　　音声 41

1 un*	2 deux	3 trois	4 quatre	5 cinq
6 six	7 sept	8 huit	9 neuf	10 dix

　＊un には女性形 une があります。un livre 本 1 冊　une pomme りんご 1 つ

11 onze	12 douze	13 treize	14 quatorze	15 quinze
16 seize	17 dix-sept	18 dix-huit	19 dix-neuf	20 vingt

＊数詞のあとに母音、無音の h で始まる語がつづくとリエゾン、アンシェヌマンします。

1 年〜10 年

un an　　deux ans　　trois ans　　quatre ans　　cinq ans

six ans　　sept ans　　huit ans　　neuf* ans　　dix ans

11 時〜20 時

onze heures　　douze heures　　treize heures　　quatorze heures　　quinze heures

seize heures　　dix-sept heures　　dix-huit heures　　dix-neuf* heures　　vingt heures

　＊ neuf の f ［フ］は ans と heures の前では［ヴ］の音になります。

EXERCICES 6

1　適切な疑問副詞を【　】から選び、日本語に対応するフランス語の文を完成しましょう。文頭は大文字にします。

【 pourquoi　　comment　　combien 】

1.　Nous sommes le _____ ?
　　何日ですか。

2.　_____ fêtez-vous votre* anniversaire ?
　　あなたはどのようにお誕生日を祝いますか。　* votre p.31 参照

3.　_____ est-ce que tu ne viens pas ?
　　なぜ君は来ないの。

聞き取り　フランス語の文をそれぞれ3回ずつ聞いてください。どの文にもかならず数が含まれています。その数を丸で囲みましょう。　　　　　　　　　　　　　　　　　音声 42

1.　(1) 1　2　3　4　5　6　7　8　9　10　11　12　13　14　15　16　17　18　19　20
　　(2) 1　2　3　4　5　6　7　8　9　10　11　12　13　14　15　16　17　18　19　20
　　(3) 1　2　3　4　5　6　7　8　9　10　11　12　13　14　15　16　17　18　19　20
　　(4) 1　2　3　4　5　6　7　8　9　10　11　12　13　14　15　16　17　18　19　20
　　(5) 1　2　3　4　5　6　7　8　9　10　11　12　13　14　15　16　17　18　19　20

2.　(1) 1　2　3　4　5　6　7　8　9　10　11　12　13　14　15　16　17　18　19　20
　　(2) 1　2　3　4　5　6　7　8　9　10　11　12　13　14　15　16　17　18　19　20

3.　(1) 1　2　3　4　5　6　7　8　9　10　11　12　13　14　15　16　17　18　19　20
　　(2) 1　2　3　4　5　6　7　8　9　10　11　12　13　14　15　16　17　18　19　20

4.　(1) 1　2　3　4　5　6　7　8　9　10　11　12　13　14　15　16　17　18　19　20
　　(2) 1　2　3　4　5　6　7　8　9　10　11　12　13　14　15　16　17　18　19　20
　　(3) 1　2　3　4　5　6　7　8　9　10　11　12　13　14　15　16　17　18　19　20
　　(4) 1　2　3　4　5　6　7　8　9　10　11　12　13　14　15　16　17　18　19　20

書き取り　フランス語の文をそれぞれ3回ずつ聞いてください。下線部に1語を書き、文を完成しましょう。文頭は大文字にします。　　　　　　　　　　　　　　　　　　音声 43

1.　_____ _____ les trois couleurs du drapeau français dans le ciel.

2.　_____ _____ le travail à 18 heures.

3.　_____ est-ce que les Français fêtent le 14 juillet ?

解答は p.43 にあります。

単語を使って話してみよう　6　きょうのことを伝える

- [ ] **aujourd'hui** [オージュるデュイ] きょう
- [ ] **un mois** [アンモワ] 月
- [ ] **janvier** [ジョンヴィエ] 1 月
- [ ] **février** [フェヴリエ] 2 月
- [ ] **mars** [マるス] 3 月
- [ ] **avril** [アヴリル] 4 月
- [ ] **mai** [メ] 5 月

- [ ] **juin** [ジュアン] 6 月
- [ ] **juillet** [ジュイエ] 7 月
- [ ] **août** [ウッ(ウットゥ)] 8 月
- [ ] **septembre** [セプトンブる] 9 月
- [ ] **octobre** [オクトーブる] 10 月
- [ ] **novembre** [ノヴォンブる] 11 月
- [ ] **décembre** [デソンブる] 12 月

Nous sommes le combien ?　何日ですか。— Nous sommes le 5 juillet.　7 月 5 日です。

- [ ] **une semaine** [ユヌスメーヌ] 週
- [ ] **un lundi** [アンランディ] 月曜日
- [ ] **un mardi** [アンマるディ] 火曜日
- [ ] **un mercredi** [アンメるクるディ] 水曜日
- [ ] **un jeudi** [アンジュディ] 木曜日
- [ ] **un vendredi** [アンヴォンドゥるディ] 金曜日
- [ ] **un samedi** [アンサムディ] 土曜日
- [ ] **un dimanche** [アンディモンシュ] 日曜日

- [ ] **un jour** [アンジューる] 1 日 (時間の単位)、曜日
- [ ] **une journée** [ユヌジュるネ] 1 日、昼間
- [ ] **un matin** [アンマタン] 朝
- [ ] **midi** [ミディ] 男 正午
- [ ] **un après-midi** [アンナプれミディ] 午後
- [ ] **un soir** [アンソワーる] 夕方
- [ ] **une nuit** [ユヌニュイ] 夜
- [ ] **minuit** [ミニュイ] 男 真夜中、午前 0 時

Quel jour sommes-nous ?　何曜日ですか。— Nous sommes mardi.　火曜日です。

- [ ] **une saison** [ユヌセゾン] 季節
- [ ] **un printemps** [アンプらントン] 春
- [ ] **un été** [アンネテ] 夏

- [ ] **un automne** [アンノトヌ] 秋
- [ ] **un hiver** [アンニヴェーる] 冬
- [ ] **une année** [ユナネ] 年、1 年

Nous sommes au printemps [en été / en automne / en hiver].　春[夏 / 秋 / 冬]です。

- [ ] **maintenant** [マントゥノン] 今
- [ ] **toujours** [トゥジューる] いつも
- [ ] **souvent** [スヴォン] しばしば
- [ ] **il pleut** (**pleuvoir**) [イルプルー] 雨が降る

- [ ] **il fait beau** (**temps**) [イルフェボ(トン)] 天気がよい
- [ ] **il fait mauvais** [イルフェモヴェ] 天気が悪い
- [ ] **il fait chaud** [イルフェショー] 暑い
- [ ] **il fait froid** [イルフェフろワ] 寒い

Quel temps fait-il ?　どんな天気ですか。— Il pleut toujours.　相変わらず雨が降っています。

- [ ] **se lever** [スルヴェ] 起きる
- [ ] **travailler** [トゥらヴァイエ] 働く
- [ ] **rentrer** [ろントゥれ] 帰る
- [ ] **les courses** [レクるス] 女 買い物

- [ ] **la cuisine** [ラキュイジーヌ] 料理
- [ ] **se coucher** [スクシェ] 寝る
- [ ] **tôt** [トー] 早く (時間、時期)
- [ ] **tard** [タール] 遅く

Je me lève tôt le matin.　私は朝早く起きます。　Je travaille à 9 heures.　9 時に仕事をします。
Je fais les courses et rentre à la maison.　買物をして帰宅します。
Je me couche tard la nuit.　夜遅く寝ます。

LEÇON 7 (sept)

Napoléon III et Paris 音声 45–46

単語ノート

— Qui est-ce ?

C'est Napoléon III.

Son père est le frère cadet de Napoléon Iᵉʳ. Son oncle est donc Napoléon Iᵉʳ. Sa mère est la fille de la première épouse de Napoléon Iᵉʳ.

Napoléon III modernise Paris sous son règne avec le préfet de la Seine, Haussmann. Il faut démolir un Paris archaïque. Ils mettent presque 20 ans pour transformer la ville.

Grâce à eux, nous avons aujourd'hui une belle capitale et les touristes du monde entier veulent visiter Paris.

qui　誰
un père　父
un frère　兄弟
cadet(te)　末っ子の
un oncle　伯父、叔父
une mère　母
une fille　娘、少女
premier (première)　1 番目の
une épouse　妻
moderniser　近代化する
sous …　〜の時代に、下に
un règne　統治
le préfet de la Seine　セーヌ県知事
il faut …　〜が必要である
démolir　壊す
archaïque　古臭い
mettre　置く、時間をかける
presque　ほぼ
transformer　変える
grâce à …　〜のおかげで
eux　彼ら
aujourd'hui　こんにち
une capitale　首都、都
le monde entier　世界中
vouloir …　〜したい、〜を欲する

C'est Napoléon III.

ナポレオン 3 世とパリ

— これは誰ですか。

ナポレオン 3 世です。

彼の父親はナポレオン 1 世の末の弟です。つまり彼の伯父はナポレオン 1 世になります。彼の母親はナポレオン 1 世の最初の妻の娘です。

ナポレオン 3 世は、彼の統治下でセーヌ県知事オスマンとともにパリを近代化します。時代遅れのパリを壊さなければならないのです。彼らは町を変身させるのにおよそ 20 年かけます。

彼らのおかげで、こんにちの美しい都があり、世界中の観光客がパリを訪れたいと思っているのです。

1 **mettre, vouloir** の現在形 　　　　　　　　　　　　　　　　　音声 47

mettre　〜を置く、〜を着る、(時間)をかける		
je　mets	nous　mettons	
tu　mets	vous　mettez	
il　met	ils　mettent	
elle　met	elles　mettent	

vouloir　〜を欲する		
je　veux	nous　voulons	
tu　veux	vous　voulez	
il　veut	ils　veulent	
elle　veut	elles　veulent	

　　　Elle **met** sa robe.　彼女はドレスを着る。

　　　vouloir ＋ 名詞：〜が欲しい　　　Elle **veut** un sac noir.　彼女は黒いバッグが欲しい。

　　　vouloir ＋ 不定詞：〜したい　　　Elle **veut** visiter le Japon.　彼女は日本を訪れたい。

2 所有形容詞

	男性単数		女性単数		男性・女性複数	
私の	**mon**	père　父 (adresse*)　住所	**ma**	mère　母	**mes**	parents　両親
君の	**ton**		**ta**		**tes**	
彼の / 彼女の	**son**		**sa**		**ses**	
私たちの	**notre**	père / mère			**nos**	parents
あなた(方)の / 君たちの	**votre**				**vos**	
彼らの / 彼女たちの	**leur**				**leurs**	

　　所有の対象になる名詞の性と数に一致する形を用います。

　　　＊母音、無音の h で始まる女性名詞には mon, ton, son を用います。~~ma~~ adresse → **mon** adresse

3 強勢形の人称代名詞

moi	toi	lui	elle	nous	vous	eux	elles
私	君	彼	彼女	私たち	あなた(方)、君たち	彼ら	彼女たち

　強勢形は次の場合に用います。

　・主語の強調　　　　　**Moi**, je suis japonais(e).　私は、日本人です。

　・前置詞のあとで　　　Tu viens avec **nous** ?　君は私たちと一緒に来る？

　・C'est の表現で　　　C'est **moi**.　私です。

◎ **Il faut** ＋ 不定詞：〜しなければならない　＊il は非人称主語。falloir は非人称動詞。

　　　Il **faut** finir ce travail.　この仕事を終えなければならない。

◎ **Qui est-ce** ?　誰ですか。— C'est mon père.　私の父です。

EXERCICES 7

1　下線部に所有形容詞を正しい形で書き、やりとりを完成しましょう。

1. Est-ce que c'est la voiture de Thomas ?　これはトマの車ですか。
   — Oui, c'est _____ voiture.　はい、これは彼の車です。
2. Est-ce que c'est le sac de Sophie ?　これはソフィのバッグですか。
   — Oui, c'est _____ sac.　はい、これは彼女のバッグです。
3. C'est votre sœur ?　あちらはあなたの姉妹ですか。
   — Non, ce n'est pas _____ sœur.　いいえ、私の姉妹ではありません。
4. Ce sont les enfants de monsieur Legrand ?　ルグランさんのお子さんたちですか。
   — Non, ce ne sont pas _____ enfants.　いいえ、彼のお子さんたちではありません。

2　①〜③の語を正しく並べて日本語に対応する文を完成しましょう。文頭は大文字にします。

1. 私たちはこの美術館を見学したい。
   Nous _____ _____ _____ musée.
   ①　ce　　　　②　visiter　　　③　voulons
2. 月曜日の朝にパリに到着しなければならない。
   _____ _____ _____ à Paris lundi matin.
   ①　arriver　　②　faut　　　③　il
3. 彼女は宿題をするのに1時間かける。
   Elle _____ _____ _____ pour faire ses devoirs.
   ①　heure　　②　met　　　③　une

書き取り　フランス語の文をそれぞれ3回ずつ聞いてください。下線部に1語を書き、文を完成しましょう。文頭は大文字にします。
音声 48

1. _____ est-ce ?— C'est _____ mère.

2. Voilà Thomas, _____ frère.

3. Vous _____ venir avec _____ ?

解答は p. 43 にあります。

- ☐ **la France** [ラフ랑ス] フランス
- ☐ **un (e) Français (e)** [アン(ユヌ) フ랑セ(ーズ)] フランス人
- ☐ **français (e)** フランス (人) の、フランス語の
- ☐ **le français** フランス語
- ☐ **le Japon** [ルジャポン] 日本
- ☐ **un (e) Japonais (e)** [アン(ユヌ) ジャポネ(ーズ)] 日本人
- ☐ **japonais (e)** 日本 (人) の、日本語の
- ☐ **le japonais** 日本語

- ☐ **les États-Unis** [レゼタズュニ] アメリカ合衆国
- ☐ **américain (e)** [アメリカン / アメリケーヌ] アメリカ (人) の、米語の
- ☐ **l'Angleterre** [ロングルテーる] イギリス
- ☐ **anglais (e)** [オングレ(ーズ)] イギリス (人) の、英語の
- ☐ **la Chine** [ラシヌ] 中国
- ☐ **chinois (e)** [シノワ(ーズ)] 中国 (人) の、中国語の

- ☐ **mon grand-père** [モングるンペーる] 私の祖父
- ☐ **ma grand-mère** [マグるンメーる] 私の祖母
- ☐ **mon père** [モンペーる] 私の父
- ☐ **ma mère** [マメーる] 私の母
- ☐ **mes parents** [メパろン] 私の両親
- ☐ **mon mari** [モンマリ] 私の夫
- ☐ **ma femme** [マファム] 私の妻

- ☐ **un fils** [アンフィス] 息子
- ☐ **un garçon** [アンギャるソン] 男の子
- ☐ **une fille** [ユヌフィーユ] 娘・女の子
- ☐ **des enfants** [デゾンフォン] 子供たち
- ☐ **un frère** [アンフれーる] 兄弟
- ☐ **une sœur** [ユヌスーる] 姉妹
- ☐ **une famille** [ユヌファミーユ] 家族

- ☐ **une femme** [ユヌファム] 女性
- ☐ **un homme** [アンノム] 男性
- ☐ **un (e) ami (e)** [アンナミ / ユナミ] 友だち

- ☐ **des gens** [デジョン] 人々
- ☐ **tout le monde** [トゥるモンドゥ] みんな
- ☐ **quelqu'un** [ケルカン] だれか

- ☐ **s'appeler** [サプレ] 名前は〜である
- ☐ **habiter** [アビテ] 住む
- ☐ **une maison** [ユヌメゾン] 家
- ☐ **un appartement** [アンナパるトゥモン] マンション
- ☐ **avoir** [アヴォワーる] 持っている、(特徴) 〜である

- ☐ **des yeux (un œil)** [デズィユ / アンヌイユ] 目
- ☐ **des cheveux (un cheveu)** [デシュヴ / アンシュヴ] 髪の毛
- ☐ **porter** [ぽるテ] 身につけている
- ☐ **des lunettes** [デリュネットゥ] 女 メガネ

- ☐ **blanc (blanche)** [ブロン / ブロンシュ] 白い
- ☐ **jaune** [ジョーヌ] 黄色い
- ☐ **rouge** [るージュ] 赤い

- ☐ **bleu (e)** [ブルー] 青い
- ☐ **vert (e)** [ヴェーる(トゥ)] 緑の
- ☐ **noir (e)** [ノワーる] 黒い

Je m'appelle Aki. Je suis japonaise. J'ai 20 ans, j'habite à Tokyo dans une maison avec ma famille.
　私の名前はアキです。私は日本人です。20歳で、家族といっしょに東京の一軒家に住んでいます。
J'ai un ami français. Il s'appelle Michel Leblanc. Il a 30 ans. Il habite à Lyon dans un appartement avec sa femme et ses enfants. Il a les yeux bleus et les cheveux blonds. Il porte des lunettes.
　私はフランス人の友だちがいます。彼の名前はミッシェル・ルブランです。彼は30歳です。妻と子供とリヨンのマンションに住んでいます。彼の目は青く、金髪です。メガネをかけています。

LEÇON 8 (huit)

Quand partez-vous ? 音声 50–51

Et vous, vous ne voulez pas aller en France ?

— Si.

Alors, quand est-ce que vous partez ?

Où est-ce que vous allez ?

À Paris bien sûr ? Dans le Midi ou en Normandie ?

Les paysages et la cuisine sont variés selon les régions.

Par exemple, en Normandie, ce sont les pommiers et les vaches. Vous pouvez déguster des plats avec du lait, de la crème fraîche, des pommes, de la viande. Et vous avez aussi du poisson et des fruits de mer. La Normandie est près de la mer.

Alors, vous allez faire votre valise. Et partez !

ご出発はいつですか。

さて、あなたはフランスに行きたくないですか。

—いいえ(行きたいです)。

では、いつ出発しますか。どこに行きますか。

もちろんパリですか。南仏それともノルマンディー地方ですか。風景や料理は地方によってさまざまです。

例えばノルマンディー地方では、りんごの木と乳牛です。牛乳、生クリーム、りんごや肉の料理を味わうことができます。また魚と海の幸もあります。ノルマンディー地方は海の近くですから。

さあ、これからスーツケースに荷物を詰めてください。そして出発してください！

GRAMMAIRE 8

1 **aller, partir** の現在形

aller　行く		
je　vais	nous　allons	
tu　vas	vous　allez	
il　va	ils　vont	
elle　va	elles　vont	

partir　出発する		
je　pars	nous　partons	
tu　pars	vous　partez	
il　part	ils　partent	
elle　part	elles　partent	

Nous ***allons*** au Japon〔en France / aux États-Unis〕.

私たちは日本に〔フランスに / アメリカ合衆国に〕行きます。

Je ***pars*** pour Paris ce soir.　私は今晩パリに出発します。

近接未来

〈**aller**＋不定詞〉の形で、近い未来「これから〜する」を表します。

Ils ***vont partir*** en voyage.　彼らはこれから旅行に出かけます。

2 疑問副詞（**2**）　**où　quand**

où　どこ

Où allez-vous？　***Où*** est-ce que vous allez？　Vous allez ***où***？

あなたはどこに行くのですか。

quand　いつ

Quand partez-vous？　***Quand*** est-ce que vous partez？　Vous partez ***quand***？

あなたはいつ出発しますか。

3 部分冠詞

対象となる名詞を数ではなく量でとらえて伝える冠詞です。量を表すので複数形はありません。

du	男性名詞単数	***du*** lait　牛乳	***du*** poisson　魚
de la	女性名詞単数	***de la*** crème　クリーム	***de la*** viande　肉
de l'	母音、無音の h で始まる 男性・女性名詞単数	***de l'***argent　男　お金	***de l'***eau　女　水

Je mets ***du*** sucre et ***du*** lait dans mon café.　私はコーヒーに砂糖とミルクを入れる。

EXERCICES 8

1　次の質問に対する応答として適切なものを A. B. から選びましょう。

　1. Tu n'as pas d'* argent sur toi ?　君はお金を持ちあわせていないの？
　　　A.　Oui, j'ai de l'argent.　　　B.　Si, j'ai de l'argent.

　2. Vous voulez encore de la viande ?　お肉をもっといかがですか。
　　　A.　Oui, je veux bien.　　　B.　Si, je veux bien.

　3. De l'eau, s'il vous plaît.　お水をお願いします。
　　　A.　Oui, voilà.　　　　　　B.　Non, merci.

　4. Tu prends du café ?　コーヒー飲む？
　　　A.　Oui, voilà.　　　　　　B.　Non, merci.

　　　＊直接目的語につく部分冠詞は否定文で de(d') になります(p. 15 参照)。

2　次の現在形の文を近接未来の文に書きかえましょう。

　1. Je finis mes devoirs. _____
　　　私はこれから宿題を終えます。

　2. Elle fait sa valise. _____
　　　彼女はこれからスーツケースに荷物を詰めます。

　3. Nous partons en vacances. _____
　　　私たちはこれからヴァカンスに出かけます。

書き取り　フランス語の文をそれぞれ 3 回ずつ聞いてください。下線部に 1 語を書き、文を完成しましょう。文頭は大文字にします。　　　　　　　　　　　　　音声 53

　1. _____ _____-vous ? — Nous allons au cinéma.

　2. _____ est-ce que tu _____ ? — Ce soir.

　3. Moi, je prends _____ fruits de mer, et lui, il prend _____ poisson.

解答は p. 43 にあります。

- □ **un repas** [アンるパ] 食事
- □ **un petit déjeuner** [アンプティデジュネ] 朝食

- □ **un déjeuner** [アンデジュネ] 昼食
- □ **un dîner** [アンディネ] 夕食

- □ **du café** [デュカフェ] コーヒー
- □ **du thé** [デュテ] 紅茶
- □ **du lait** [デュレ] ミルク
- □ **du jus de fruit** [デュジュドゥフりゅイ] フルーツジュース
- □ **du vin** [デュヴァン] ワイン
- □ **de la bière** [ドゥラビエーる] ビール
- □ **de l'eau** [ドゥロー] 水
- □ **de la soupe** [ドゥラスープ] スープ

- □ **un sandwich** [アンサンドゥイッチ] サンドイッチ
- □ **un plat** [アンプラ] (皿に盛った)料理
- □ **du riz** [デュリ] 米
- □ **du poisson** [デュポワソン] 魚
- □ **de la viande** [ドゥラヴィオンドゥ] 肉
- □ **du poulet** [デュプレ] 鶏肉
- □ **du fromage** [デュフろマージュ] チーズ
- □ **du jambon** [デュジョンボン] ハム

- □ **une baguette** [ユヌバゲットゥ] バゲット 1 本
- □ **du pain** [デュパン] パン
- □ **du beurre** [デュブーる] バター

- □ **de la confiture** [ドゥラコンフィテューる] ジャム
- □ **un gâteau** [アンガトー] ケーキ
- □ **une tarte** [ユヌたるトゥ] タルト

- □ **des légumes** [デレギューム] 野菜
- □ **une tomate** [ユヌトマットゥ] トマト
- □ **une carotte** [ユヌキャろっトゥ] ニンジン

- □ **une pomme de terre** [ユヌポムドゥテーる] ジャガイモ
- □ **un chou** [アンシュー] キャベツ
- □ **un oignon** [アンノニョン] タマネギ

- □ **un fruit** [アンフりゅイ] くだもの
- □ **une pomme** [ユヌポム] リンゴ
- □ **une orange** [ユノろンジュ] オレンジ

- □ **une fraise** [ユヌフれーズ] イチゴ
- □ **une poire** [ユヌポワーる] 洋ナシ
- □ **un citron** [アンシトゥろン] レモン

- □ **prendre** [プろンドゥる] とる
- □ **manger** [モンジェ] 食べる

- □ **boire** [ボワーる] 飲む
- □ **bon(ne)** [ボン(ヌ)] おいしい

Qu'est-ce que vous prenez ? — Je prends le plat du jour.
　何を召し上がりますか。— 本日のおすすめ料理にします。
Deux cafés et un thé au citron, s'il vous plaît.
　コーヒーを 2 つ、レモンティーを 1 つお願いします。
Au petit déjeuner, je prends du pain avec du beurre et de la confiture, et du café au lait.
　朝食に、私はバターとジャムをつけたパンとカフェ・オ・レをとります。
Je prends un sandwich au jambon.　ハムサンドにします。
C'est très bon.　とてもおいしい。
L'addition, s'il vous plaît.　お勘定をお願いします。

◆ 現在形の活用をもう少し覚えよう ────────────

音声 55

①	**acheter** ～を買う		
j' achèt*e*		nous achet*ons*	
tu achèt*es*		vous achet*ez*	
il achèt*e*		ils achèt*ent*	
elle achèt*e*		elles achèt*ent*	

音声 56

②	**préférer** ～をより好む		
je préfèr*e*		nous préfér*ons*	
tu préfèr*es*		vous préfér*ez*	
il préfèr*e*		ils préfèr*ent*	
elle préfèr*e*		elles préfèr*ent*	

① 語幹に変化のある -er 規則動詞。原形と nous, vous 以外の語幹の e にアクサン・グラーヴがつきます。promener「散歩させる」、lever「起こす」も同型。

② 語幹に変化のある -er 規則動詞。原形と nous, vous 以外の語幹で、原形の 2 つ目のアクサン・テギュ é がアクサン・グラーヴ è に変わります。répéter「繰り返す」も同型。

音声 57

③	**appeler** ～を呼ぶ		
j' appell*e*		nous appel*ons*	
tu appell*es*		vous appel*ez*	
il appell*e*		ils appell*ent*	
elle appell*e*		elles appell*ent*	

音声 58

④	**dire** ～を言う		
je dis		nous disons	
tu dis		vous dites	
il dit		ils disent	
elle dit		elles disent	

③ 語幹に変化のある -er 規則動詞。原形と nous、vous 以外の語幹では l を重ねて -ll- になります。

④ dire ～ à ... で「～を（人）に言う」

音声 59

⑤	**attendre** ～を待つ		
j' attends		nous attendons	
tu attends		vous attendez	
il attend		ils attendent	
elle attend		elles attendent	

音声 60

⑥	**devoir** ～しなければならない		
je dois		nous devons	
tu dois		vous devez	
il doit		ils doivent	
elle doit		elles doivent	

⑤ répondre「返事をする」、descendre「降りる」、entendre「聞こえる」、vendre「売る」も同型。

⑥ 〈devoir＋不定詞〉の形で用います。

音声 61

⑦	**savoir** ～を知っている		
je sais		nous savons	
tu sais		vous savez	
il sait		ils savent	
elle sait		elles savent	

音声 62

⑧	**connaître** ～を知っている		
je connais		nous connaissons	
tu connais		vous connaissez	
il connaît		ils connaissent	
elle connaît		elles connaissent	

⑦ 「（事実や情報など）を知っている」、〈savoir＋不定詞〉で能力として「～できる」

⑧ 「（人や場所など）を知っている」

音声 **63**

⑨	**lire** ～を読む		
je	lis	nous	lisons
tu	lis	vous	lisez
il	lit	ils	lisent
elle	lit	elles	lisent

音声 **64**

⑩	**écrire** ～を書く		
j'	écris	nous	écrivons
tu	écris	vous	écrivez
il	écrit	ils	écrivent
elle	écrit	elles	écrivent

⑨　自動詞で「本を読む」

⑩　écrire à ... で「(人)に手紙を書く」

音声 **65**

⑪	**ouvrir** ～を開ける		
j'	ouvre	nous	ouvrons
tu	ouvres	vous	ouvrez
il	ouvre	ils	ouvrent
elle	ouvre	elles	ouvrent

音声 **66**

⑫	**courir** 走る		
je	cours	nous	courons
tu	cours	vous	courez
il	court	ils	courent
elle	court	elles	courent

⑪⑫　原形の語尾が -ir でも、finir のような -ir 規則動詞や不規則動詞 venir の活用形とは異なります。

音声 **67**

⑬	**boire** ～を飲む		
je	bois	nous	buvons
tu	bois	vous	buvez
il	boit	ils	boivent
elle	boit	elles	boivent

音声 **68**

⑭	**recevoir** ～を受け取る		
je	reçois	nous	recevons
tu	reçois	vous	recevez
il	reçoit	ils	reçoivent
elle	reçoit	elles	reçoivent

⑬　目的語なしでは「お酒を飲む」

⑭　「(人)を迎える」意味でも用います。

音声 **69**

⑮	**se coucher** 寝る			
je	me	couche	nous	nous	couchons
tu	te	couches	vous	vous	couchez
il	se	couche	ils	se	couchent
elle	se	couche	elles	se	couchent

◆-er 規則動詞で nous の語幹に変化

manger　～を食べる

je *mange*　　nous *mange*ons

commencer　～を始める

je *commence*　nous *commenç*ons

⑮　動詞の前に再帰代名詞 se をともなう動詞を代名動詞と呼びます。

再帰代名詞は主語に合わせて変化します。coucher は -er 規則動詞の活用形です。

1 　あいさつをする　　　　　　　　　　　　　　　　　　　　　　　音声 70

　　A：　Bonjour.　　　　　　　　　　　　　　　A：　こんにちは。

　　B：　Bonjour. Comment allez-vous ?　　　　　B：　こんにちは。ごきげんいかがですか。

　　A：　Très bien, merci. Et vous ?　　　　　　A：　とても元気です、どうも。あなたは？

　　B：　Je vais bien, merci.　　　　　　　　　B：　元気です。ありがとう。

2 　あいさつをする　　　　　　　　　　　　　　　　　　　　　　　音声 71

　　A：　Salut !　　　　　　　　　　　　　　　A：　やあ。

　　B：　Salut ! Ça va ?　　　　　　　　　　　B：　こんにちは。元気？

　　A：　Oui, ça va. Et toi ?　　　　　　　　　A：　うん、元気だよ。君は？

　　B：　Ça va, merci.　　　　　　　　　　　　B：　元気よ。ありがとう。

3 　道を尋ねる　　　　　　　　　　　　　　　　　　　　　　　　　音声 72

　　A：　Pardon, madame. Je cherche le musée　A：　すみません、マダム。ロダン美術館を探してい
　　　　　Rodin.　　　　　　　　　　　　　　　　　　るのですが。

　　B：　Vous prenez la première rue à droite.　B：　1つ目の通りを右に行ってください。

　　A：　C'est loin ?　　　　　　　　　　　　　A：　遠いですか。

　　B：　Non, cinq minutes.　　　　　　　　　B：　いいえ、5分ですよ。

4 　市場で　　　　　　　　　　　　　　　　　　　　　　　　　　　音声 73

　　A：　Madame ?　　　　　　　　　　　　　　A：　マダム？

　　B：　Un kilo de tomates, s'il vous plaît.　　B：　トマトを1キロ、お願いします。

　　A：　Voilà. Et avec ça ?　　　　　　　　　A：　はい。他には？

　　B：　C'est tout. C'est combien ?　　　　　B：　それだけです。いくらですか。

　　A：　Six euros, s'il vous plaît.　　　　　　A：　6ユーロです。

　　B：　Voilà.　　　　　　　　　　　　　　　B：　はい。

　　A：　Merci, madame.　　　　　　　　　　　A：　ありがとうございます、マダム。

5 　レストランで　　　　　　　　　　　　　　　　　　　　　　　　音声 74

　　A：　Qu'est-ce que vous prenez ?　　　　　A：　何を召し上がりますか。

　　B：　Quatre menus à 30 euros.　　　　　　B：　30ユーロのコース定食を4つ。

　　A：　Et comme boisson ?　　　　　　　　　A：　飲み物は？

　　B：　Une carafe de vin rouge.　　　　　　　B：　赤ワインをカラフで。

　　A：　Bien.　　　　　　　　　　　　　　　　A：　承知しました。

6　映画に誘う　　　　　　　　　　　　　　　　　　　　　音声 75

A : Tu es libre ce soir ?

B : Oui.

A : Alors, tu veux aller au cinéma ?

B : Avec plaisir !

A : 君は今晩ひま？
B : ええ。
A : じゃあ、映画に行かない？
B : 喜んで。

7　夕食に招待する　　　　　　　　　　　　　　　　　　　音声 76

A : Tu veux venir dîner chez nous ?

B : Quand ?

A : Demain soir.

B : Désolée, mais je ne peux pas.

A : 私たちの家に夕食に来る？
B : いつ。
A : 明日の晩。
B : ごめんなさい、無理なの。

8　誕生日にプレゼントする　　　　　　　　　　　　　　　音声 77

A : C'est pour toi !

B : Qu'est-ce que c'est ?

A : C'est un cadeau d'anniversaire.

B : Ah, c'est gentil ! Merci.

A : これは君にだ。
B : 何かしら。
A : 誕生日プレゼントだよ。
B : あら、やさしいのね。ありがとう。

9　飲み物をすすめる　　　　　　　　　　　　　　　　　　音声 78

A : Vous voulez boire quelque chose ?

B : Non, merci. Je ne prends pas de vin.

A : Alors, du jus de fruit ?

B : Je veux bien, merci.

A : 何かお飲みになりますか。
B : 結構です。ワインは飲みません。
A : それじゃ、ジュースでも？
B : いただきます、どうも。

10　別れのあいさつをする　　　　　　　　　　　　　　　音声 79

A : Tu n'es pas fatiguée ?

B : Non, ça va.

A : Bon, alors au revoir.

B : Au revoir. À demain.

A : 疲れてない？
B : ええ、大丈夫。
A : そう、じゃあ、さようなら。
B : さようなら。また明日。

EXERCICES 解答例と解説

EXERCICES 1 (*p. 8*)

1 1. ① des églises
   2. ③ une école
   3. ② l'église

2 1. ② la
   2. ③ l'
   3. ② une
   4. ① un
   ＊名詞が特定されていない場合は不定冠詞を、名詞が特定されている場合は定冠詞を用います。

3 1. Voici les Champs-Élysées.
      シャンゼリゼです。
   2. Voilà une église. C'est l'église Saint-Sulpice.
      あそこに教会があります。あれはサン・シュルピス教会です。
   3. Il y a des ponts. Là-bas, c'est le pont Neuf.
      橋がいくつもあります。あちらがポン・ヌッフです。

EXERCICES 2 (*p. 12*)

1 1. J'ai
   2. Nous avons
   3. Elles ont
   4. Il a

2 1. ② contente
   ＊女性ひとりのナタリに一致して e をつける。
   2. ③ grands
   ＊男女混合なのでの複数の s が必要。
   3. ③ belles
   ＊女性複数なので beau の女性形 belle に複数の s をつける。
   4. ② japonaise
   ＊女性名詞単数の voiture に一致させて e をつける。

3 1. La tour Eiffel est très haute.
      エッフェル塔はとても高い。
   2. Les ascenseurs sont pratiques.
      エレベーターは便利だ。
   3. Ils ont une belle vue sur Paris.
      彼らはパリの美しい眺めが臨めます。

EXERCICES 3 (*p. 16*)

1 1. Tu étudies
   2. Je visite
   3. Sophie et Marie visitent
   4. Aki aime

2 1. Ils aiment la France ? Est-ce qu'ils aiment la France ? Aiment-ils la France ?
   2. Elle n'a pas de plan de Paris.

＊直接目的語 plan につく不定冠詞 un は否定の冠詞 de になる。
   3. Nous n'étudions pas l'histoire de l'art.
＊ne のエリジヨンに注意。定冠詞は否定文で de にならない。

3 1. Vous aimez Paris ?
      あなた(方)はパリが好きですか。
   2. Nous n'avons pas de plan de Paris.
      私たちはパリの地図を持っていません。
   3. Bonjour, madame.   こんにちは、マダム。

EXERCICES 4 (*p. 20*)

1 1. Faisons
   2. Regarde
   ＊命令形では tu regardes の s はとる。
   3. Prenez

2 1. au
   2. aux
   3. du
   4. des

3 1. Nous arrivons aux Champs-Élysées.
      私たちはシャンゼリゼに到着します。
   2. Nous prenons le bus pour aller au Quartier latin.
      私たちはカルチエ・ラタンに行くためにバスに乗ります。
   3. Voilà le jardin du Luxembourg.
      ほら、リュクサンブール公園です。

EXERCICES 5 (*p. 24*)

1 1. ces
   ＊quelles が女性複数形なので名詞 fleurs は女性名詞で複数形。
   2. cet
   ＊quel が男性単数なので名詞 oiseau は男性名詞単数。ただし母音で始まるので男性第 2 形を用いる。
   3. cette
   ＊quelle から chanson は女性名詞単数。
   4. ce
   ＊quel から monument は男性名詞単数。

2 1. Quel
   ＊le titre の男性名詞単数に一致する形を用いる。
   2. Quel
   ＊le prix も男性名詞単数。
   3. Quelles
   ＊bonnes なので méthodes は女性名詞複数。

3 1. Tout le monde peut entrer.
      みんな入れます。

＊tout le monde は単数扱い。

2. Nous venons d' arriver.
　私たちは着いたところです。

＊de のエリジョンに注意。

3. Quel est le prix de ce vélo ?
　この自転車の値段はいくらですか。

＊男性名詞単数の le prix に合わせて quel。男性名詞単数の vélo に合わせて ce。

EXERCICES 6 　（p. 28）

1　1. combien
　　2. Comment
　　3. Pourquoi

2　1. Nous sommes le
　　(1) 15　(2) 11　(3) 14　(4) 12　(5) 18
　　2. Le film commence à
　　(1) 10 (heures.)　(2) 13 (heures.)
　　3. Le film finit à
　　(1) 17 (heures.)　(2) 19 (heures.)
　　4. Il a
　　(1) 5 (ans.)　(2) 3 (ans.)　(3) 6 (ans.)　(4) 2 (ans.)

3　1. Vous voyez les trois couleurs du drapeau français dans le ciel.
　　空にフランス国旗の 3 色が見えます。
　　2. Je finis le travail à 18 heures.
　　私は午後 6 時に仕事を終える。
　　3. Comment est-ce que les Français fêtent le 14 juillet ?
　　フランス人は 7 月 14 日をどのように祝うのですか。

EXERCICES 7 　（p. 32）

1　1. sa
　　＊女性名詞単数の voiture に一致した形を用いる。
　　2. son
　　＊男性名詞単数の sac に一致。
　　3. ma

＊女性名詞単数 sœur に一致。

4. ses
＊複数名詞 enfants に一致。

2　1. Nous voulons visiter ce …
　　2. Il faut arriver …
　　3. Elle met une heure …

3　1. Qui est-ce ? — C'est ma mère.
　　誰ですか。— 私の母です。
　　2. Voilà Thomas, mon frère.
　　私の兄弟のトマです。
　　3. Vous voulez venir avec moi ?
　　私と一緒にいらっしゃいますか。

EXERCICES 8 　（p. 36）

1　1. B. Si, j'ai de l'argent.
　　いいえ、持っています。
　　＊否定文で聞かれた内容と違う場合は Si を、同じ場合は Non, je n'ai pas d'argent.「はい、持っていません」。oui は使えない。
　　2. A. Oui, je veux bien.
　　はい、いただきます。
　　＊否定文ではないので si は使えない。
　　3. A. Oui, voilà.
　　はい、どうぞ。
　　＊Non, merci. は「結構です」の意味。
　　4. B. Non, merci.
　　いらないよ。

2　1. Je vais finir mes devoirs.
　　2. Elle va faire sa valise.
　　3. Nous allons partir en vacances.

3　1. Où allez-vous ? — Nous allons au cinéma.
　　どこに行くのですか。— 映画に行きます。
　　2. Quand est-ce que tu pars ? — Ce soir.
　　君はいつ出発するの。— 今晩。
　　3. Moi, je prends des fruits de mer, et lui, il prend du poisson.
　　私は海の幸をいただき、彼は魚にします。

ふらんす夏休み学習号
仏検 5 級模擬試験 2024 付
© ふらんす編集部

2024 年 5 月 15 日 印刷　6 月 10 日 発行
発行者　岩堀雅己
印刷所　株式会社三秀舎
製本所　誠製本株式会社

発行所　〒101-0052　東京都千代田区神田小川町 3 の 24　株式会社白水社
電話 03-3291-7811（営業部），7821（編集部）
www.hakusuisha.co.jp　振替 00190-5-33228

ISBN 978-4-560-06224-1
乱丁・落丁本は送料小社負担にてお取り替えいたします。

仏検５級模擬試験2024

応募方法

◆必ず巻末折り込みの解答用紙をご利用下さい。（コピーした用紙は無効です）

◆解答用紙を外側の切取線に従って切り取り、折り目にそって二つ折りにたたむとそのまま封書になります。のりしろにのり付けし、84円切手を貼ってご投函下さい。

◆解答用紙の上欄（封書の内側）と、封書の外側枠内の2箇所に忘れずに住所氏名をご記入下さい。封書外側の住所氏名は、そのまま返送時（9月下旬）のあて先となりますから、インクやボールペンで、正確に（郵便番号も7桁まで）はっきりとお書きください。

締め切りは2024年9月1日（当日消印有効）です。
添削した答案は、解答・解説とともに、9月下旬にご返送いたします。

1　次の (1)〜(5) の（　）内に入れるのにもっとも適切なものを、それぞれ ①〜③ のなかから1つずつ選び、解答欄にその番号を書いてください。（配点 10）

(1)　C'est（　　）chanson japonaise.

　　① un　　　　　　② une　　　　　　③ des

(2)　Voilà（　　）filles de Marie.

　　① le　　　　　　② la　　　　　　③ les

(3)　Il n'y a pas（　　）vin.

　　① de la　　　　② de　　　　　　③ du

(4)　（　　）hôtel est beau.

　　① Ce　　　　　② Cet　　　　　　③ Cette

(5)　（　　）chambre est petite.

　　① Son　　　　　② Sa　　　　　　③ Ses

2　次の (1)〜(5) の（　）内に入れるのにもっとも適切なものを、それぞれ ①〜③ のなかから1つずつ選び、解答欄にその番号を書いてください。（配点 10）

(1)　Pierre（　　）avec des amis.

　　① danse　　　　② danses　　　　③ dansez

(2)　Ils（　　）chez moi.

　　① vient　　　　② venons　　　　③ viennent

(3) Nous ( ) en vacances.
  ① partons   ② partez   ③ part

(4) Tu ( ) du lait ?
  ① met   ② mets   ③ mettez

(5) Je ne ( ) pas.
  ① sais   ② savez   ③ sait

3 次の (1)～(4) において、それぞれ ①～③ をすべて用いて、あたえられた日本語に対応する文を完成したときに、( ) 内に入るのはどれですか。①～③ のなかから 1 つずつ選び、解答欄にその番号を書いてください。(配点 8)

(1) この男の子は何歳ですか。
  Ce ____ (____) ____ âge ?
  ① a   ② garçon   ③ quel

(2) 私たちはフランスに行きます。
  Nous ____ (____) ____.
  ① France   ② allons   ③ en

(3) 窓を開けてくれますか。
  Vous ____ (____) ____ fenêtre ?
  ① ouvrir   ② la   ③ pouvez

(4) このドレスはいくらですか。
  Cette ____ (____) ____ ?
  ① coûte   ② robe   ③ combien

4 次の (1)～(4) に対する応答として適切なものを、それぞれ ①、② から選び、解答欄にその番号を書いてください。(配点 8)

(1) Vous aimez les chats ?
  ① Oui, souvent.   ② Oui, beaucoup.

(2) Quand est-ce qu'elle va à Paris ?
  ① Lundi.   ② En train.

(3) Tu n'es pas français ?
  ① Non, je suis français.   ② Si, je suis français.

(4) Qu'est-ce qu'il fait ?
  ① Il fait beau.   ② Il est médecin.

5 次の (1)～(4) において、日本語で示した特徴を持たない語を、それぞれ ①～③ のなかから 1 つずつ選び、解答欄にその番号を書いてください。(配点 8)

(1) 生きもの
  ① poisson   ② oiseau   ③ chaise

(2) 食べもの
 ① main   ② fromage   ③ pomme

(3) 移動
 ① rentrer   ② attendre   ③ monter

(4) 気持ち
 ① triste   ② gros   ③ heureux

6　次の (1)〜(4) の絵に対応する文を、それぞれ ①、② から選び、解答欄にその番号を書いてください。（配点 8）

(1)
 ① Il ne pleut pas.
 ② Il pleut.

(2)
 ① Les enfants jouent.
 ② Les enfants lisent.

(3)
 ① Voilà la mer.
 ② Voilà la montagne.

(4)
 ① La porte est fermée.
 ② La porte est ouverte.

7　次の会話を読み、(1)〜(4) に入れるのにもっとも適切なものを、それぞれ ①〜③ のなかから 1 つずつ選び、解答欄にその番号を書いてください。（配点 8）

Paul　　 : Salut Louise. (1) vas-tu ?
Louise : Je vais à l'hôpital.

Paul　：Tu es （ 2 ）?

Louise：Non, ce n'est pas moi. C'est ma grand-mère. Mais elle va bien （ 3 ） une semaine et elle

　　　　 （ 4 ） de l'hôpital aujourd'hui.

Paul　：Ah, c'est très bien.

(1) ① Pourquoi　　② Où　　　　③ Quand

(2) ① contente　　② fatiguée　　③ malade

(3) ① dans　　　 ② depuis　　　③ pour

(4) ① descend　　② entre　　　 ③ sort

聞き取り試験

1　フランス語の文 (1)〜(5) を、それぞれ 3 回ずつ聞いてください。(1)〜(5) の文に対する応答とし
て適切なものをそれぞれ ①、② から選び、解答欄にその番号を書いてください。(配点 10) 音声 81

(1) ① C'est ma montre.　　　　② C'est ma mère.

(2) ① Non, je suis japonaise.　② Oui, je suis japonaise.

(3) ① Il est minuit.　　　　　② Il est jeune.

(4) ① Au Japon.　　　　　　② Ce soir.

(5) ① Oui, s'il te plaît.　　　② Oui, je prends de la viande.

2　フランス語の文 (1)〜(5) を、それぞれ 3 回ずつ聞いてください。どの文にもかならず数が含ま
れています。その数を数字で解答欄に記入してください。(配点 10)　　　　　　　音声 82

(1) ＿＿＿＿＿　(2) ＿＿＿＿＿　(3) ＿＿＿＿＿　(4) ＿＿＿＿＿　(5) ＿＿＿＿＿

3　フランス語の文 (1)〜(5) を、それぞれ 3 回ずつ聞いてください。それぞれの文にもっともふさわしい
絵を、下の ①〜⑤ のなかから 1 つずつ選び、解答欄にその番号を書いてください。(配点 10) 音声 83

(1) ＿＿＿＿＿　(2) ＿＿＿＿＿　(3) ＿＿＿＿＿　(4) ＿＿＿＿＿　(5) ＿＿＿＿＿

① 　② 　③

④ 　⑤

4　フランス語の文 (1)〜(5) を、それぞれ3回ずつ聞いてください。(1)〜(5) の文にふさわしい絵を、それぞれ①、②から選び、解答欄にその番号を書いてください。(配点10)　音声 84

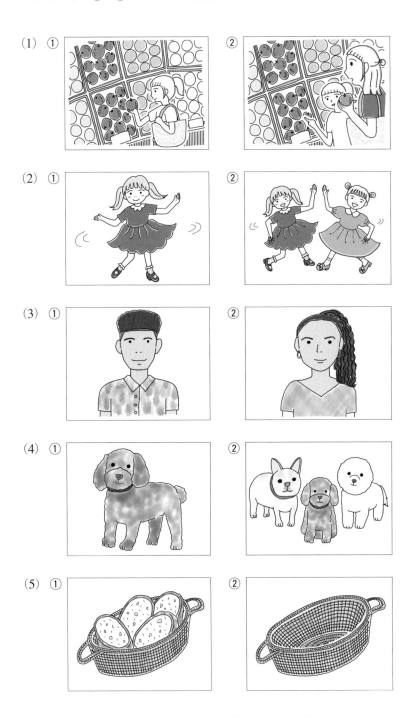

(1)　①　②

(2)　①　②

(3)　①　②

(4)　①　②

(5)　①　②